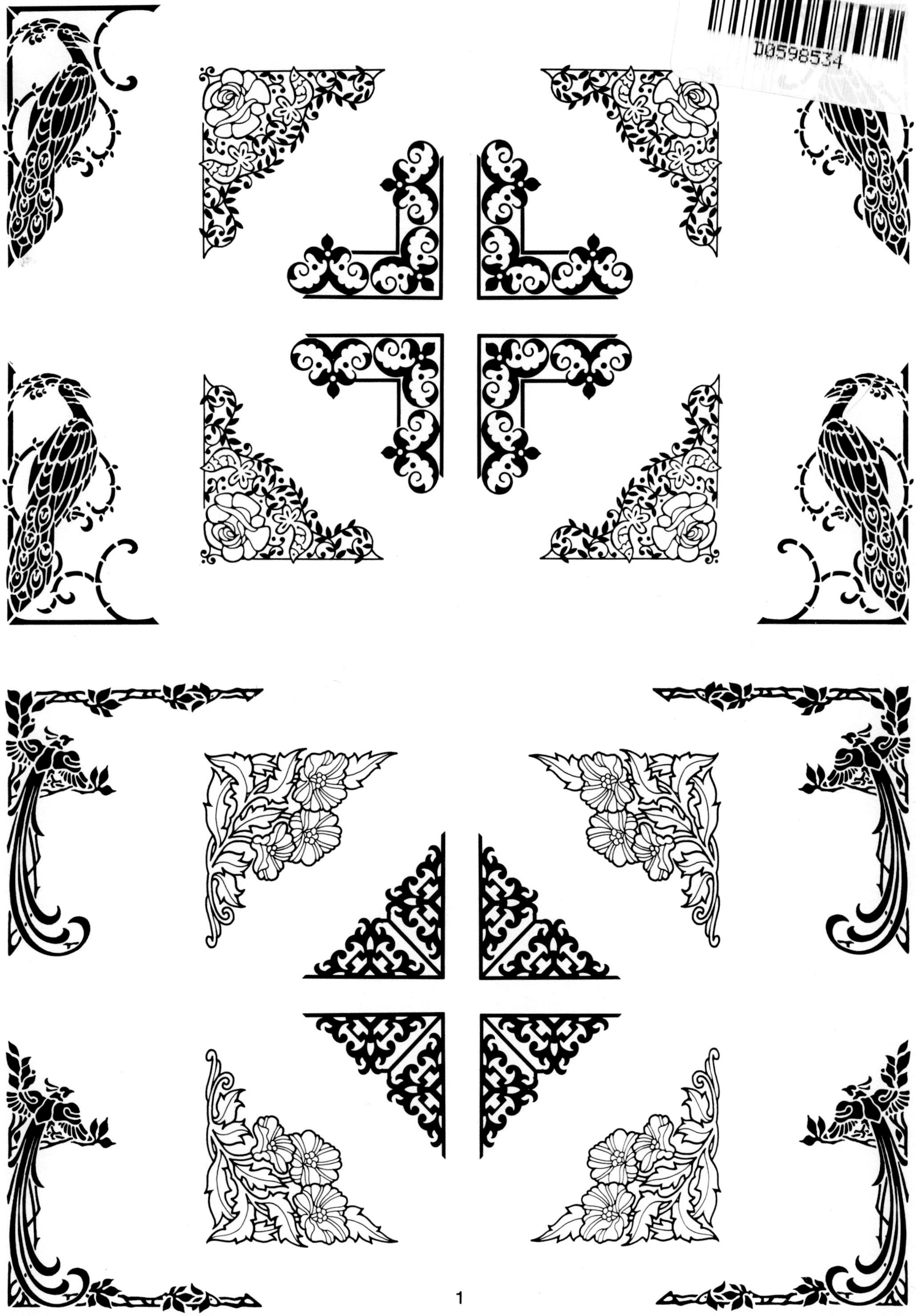

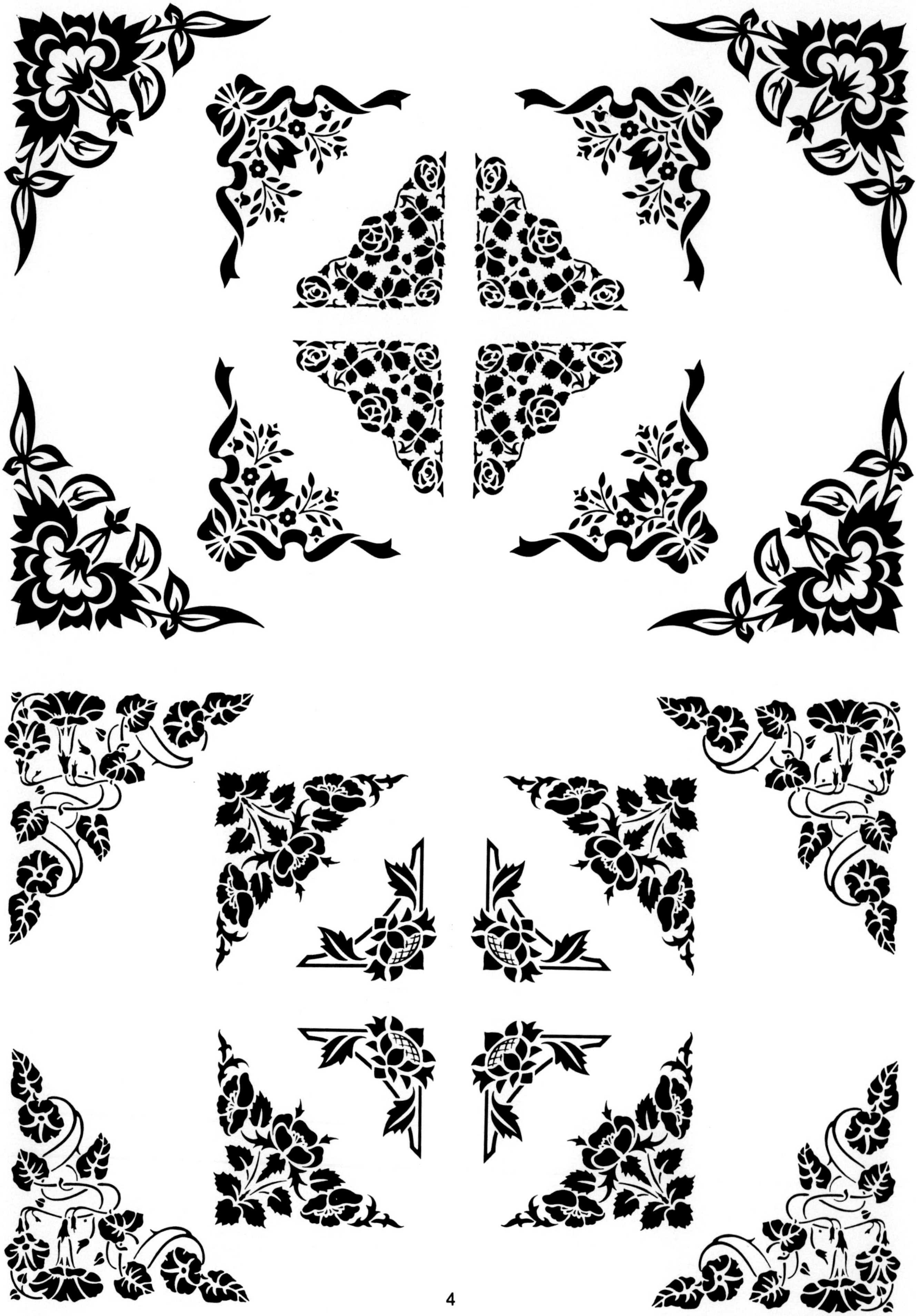

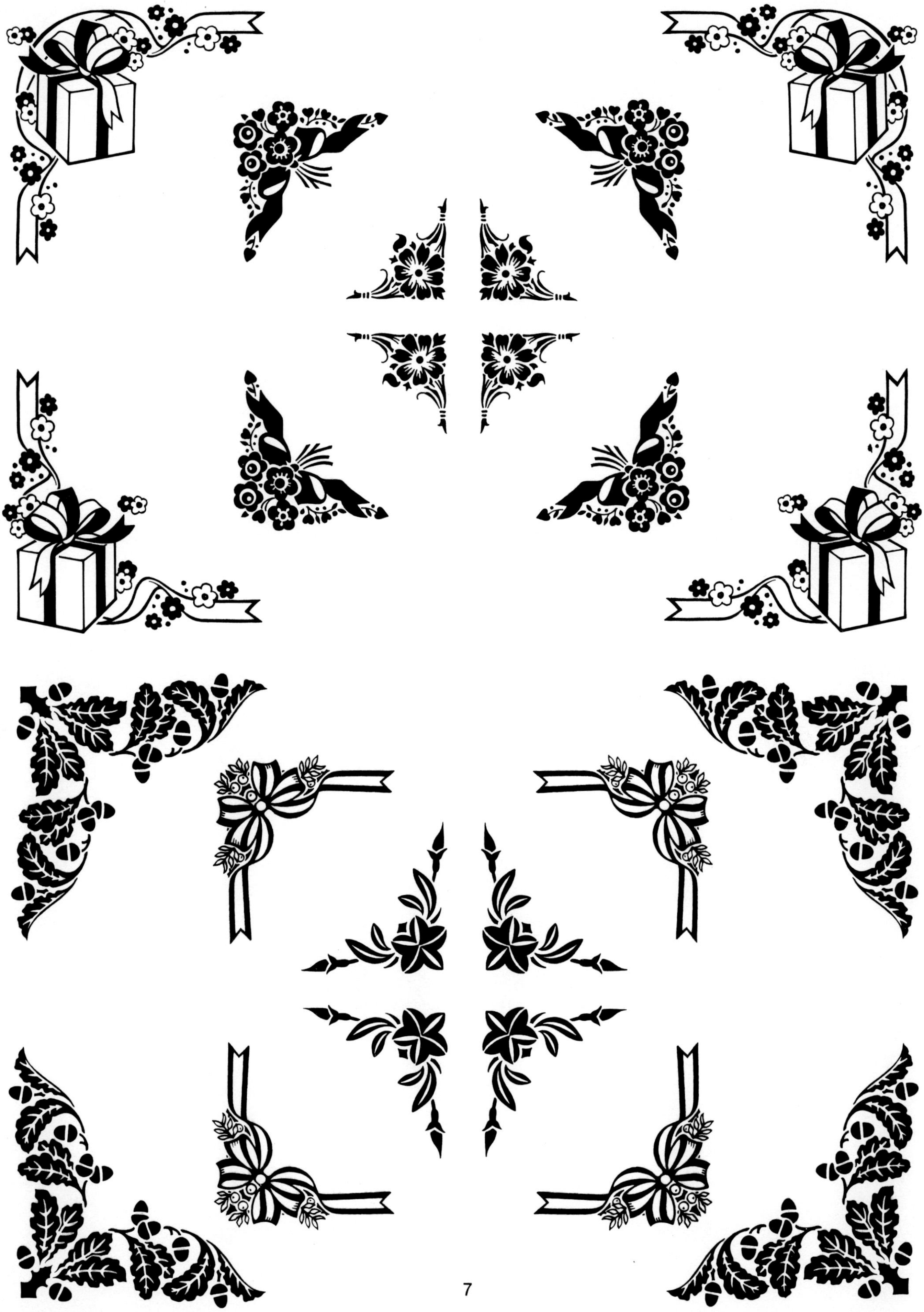

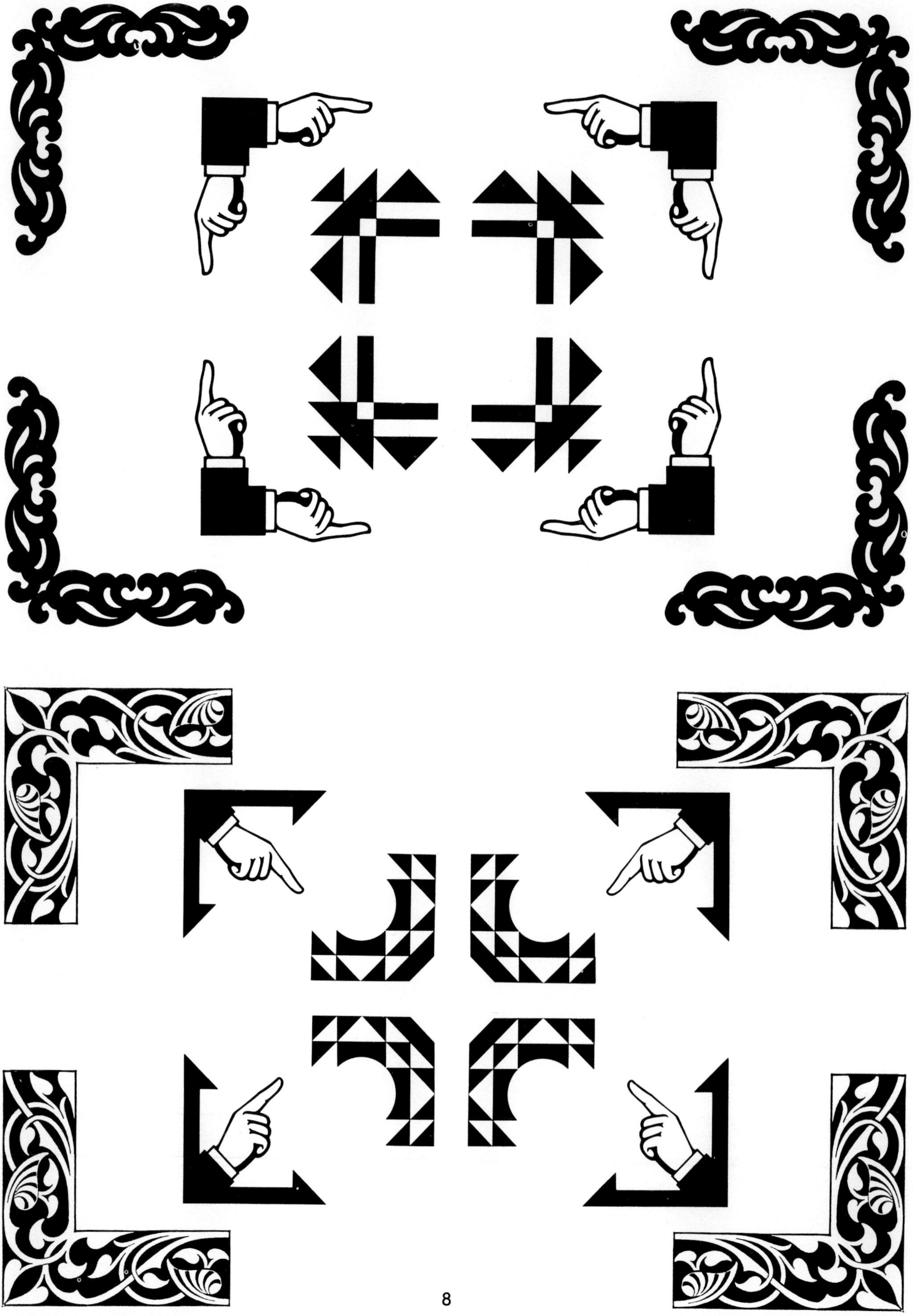

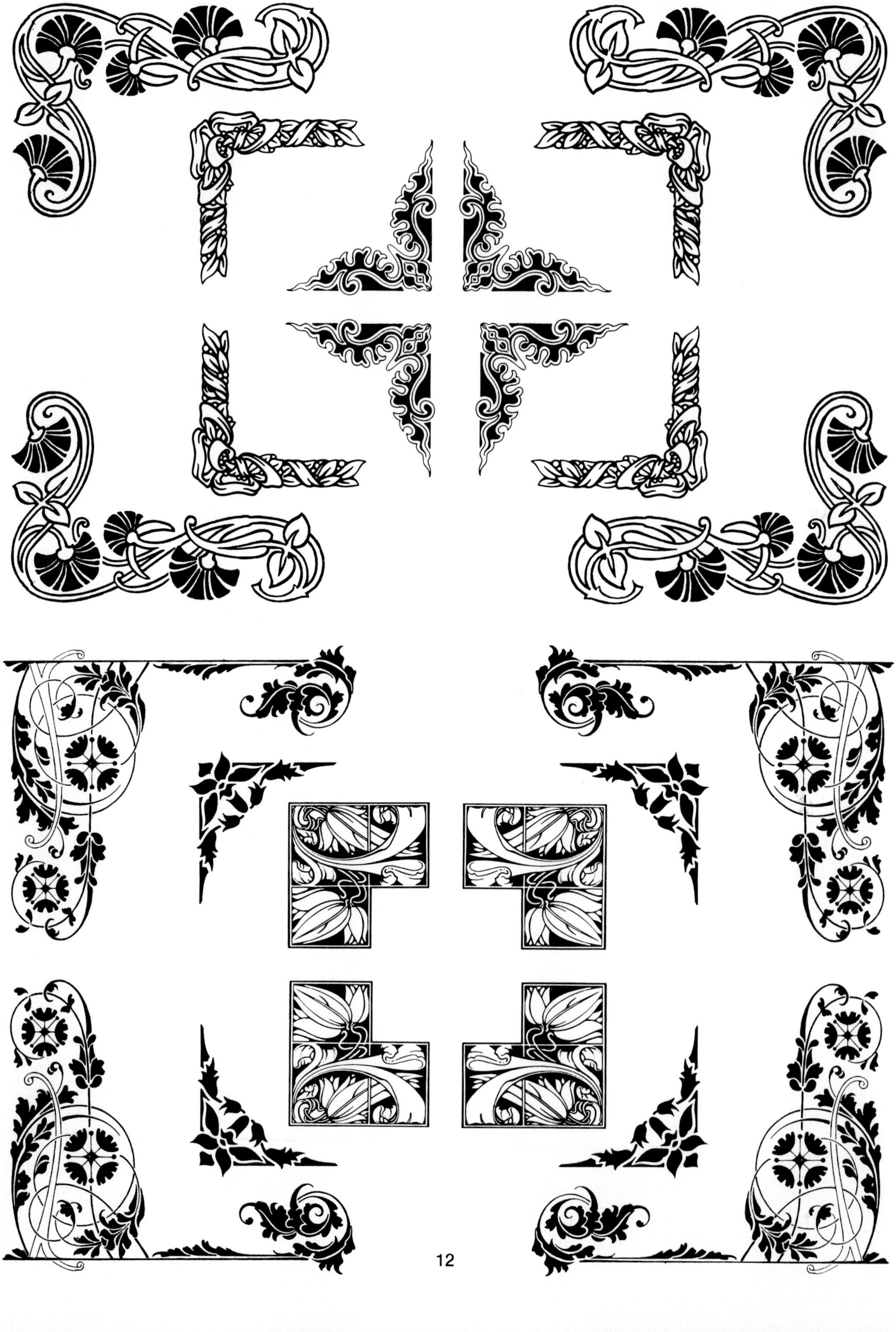

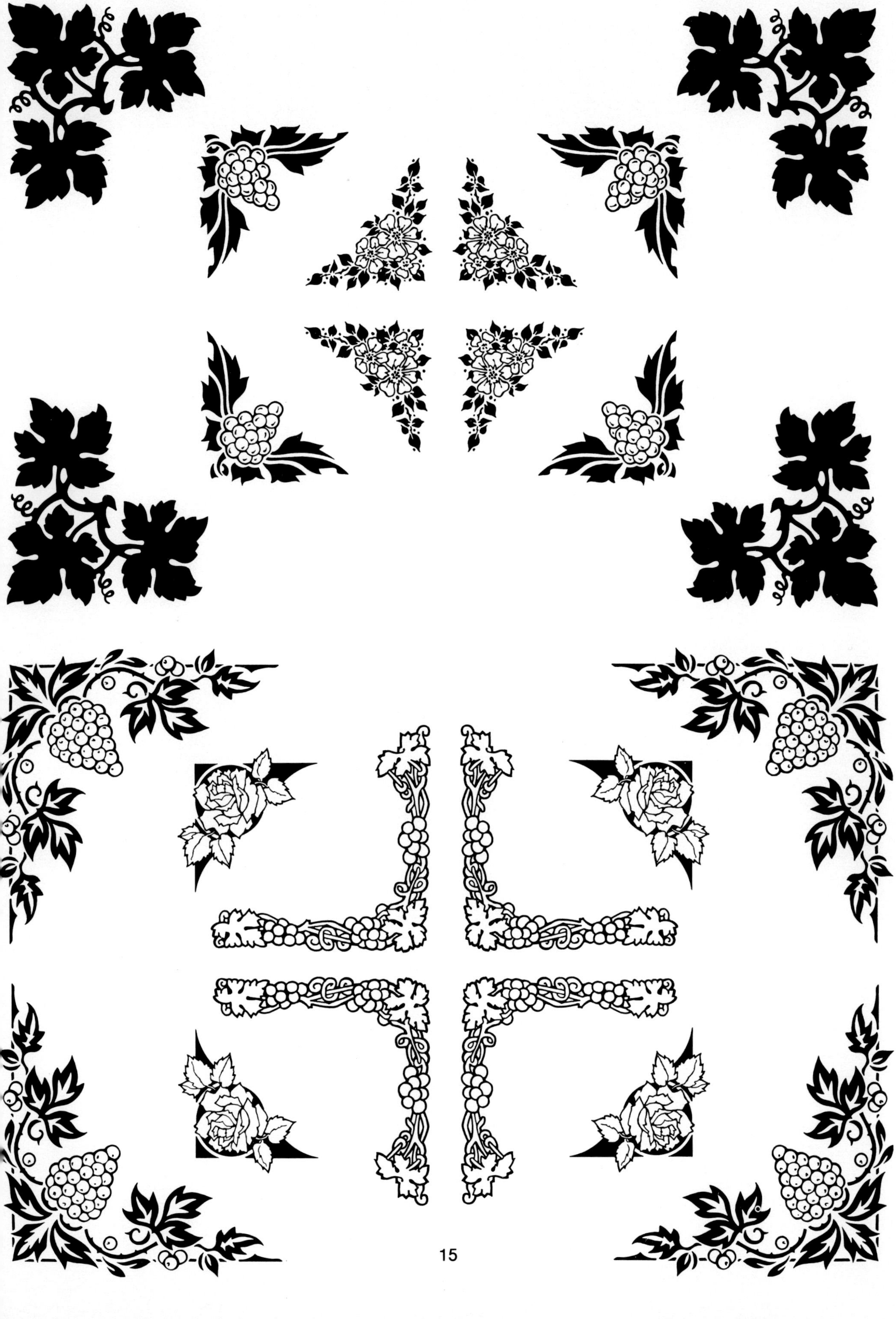

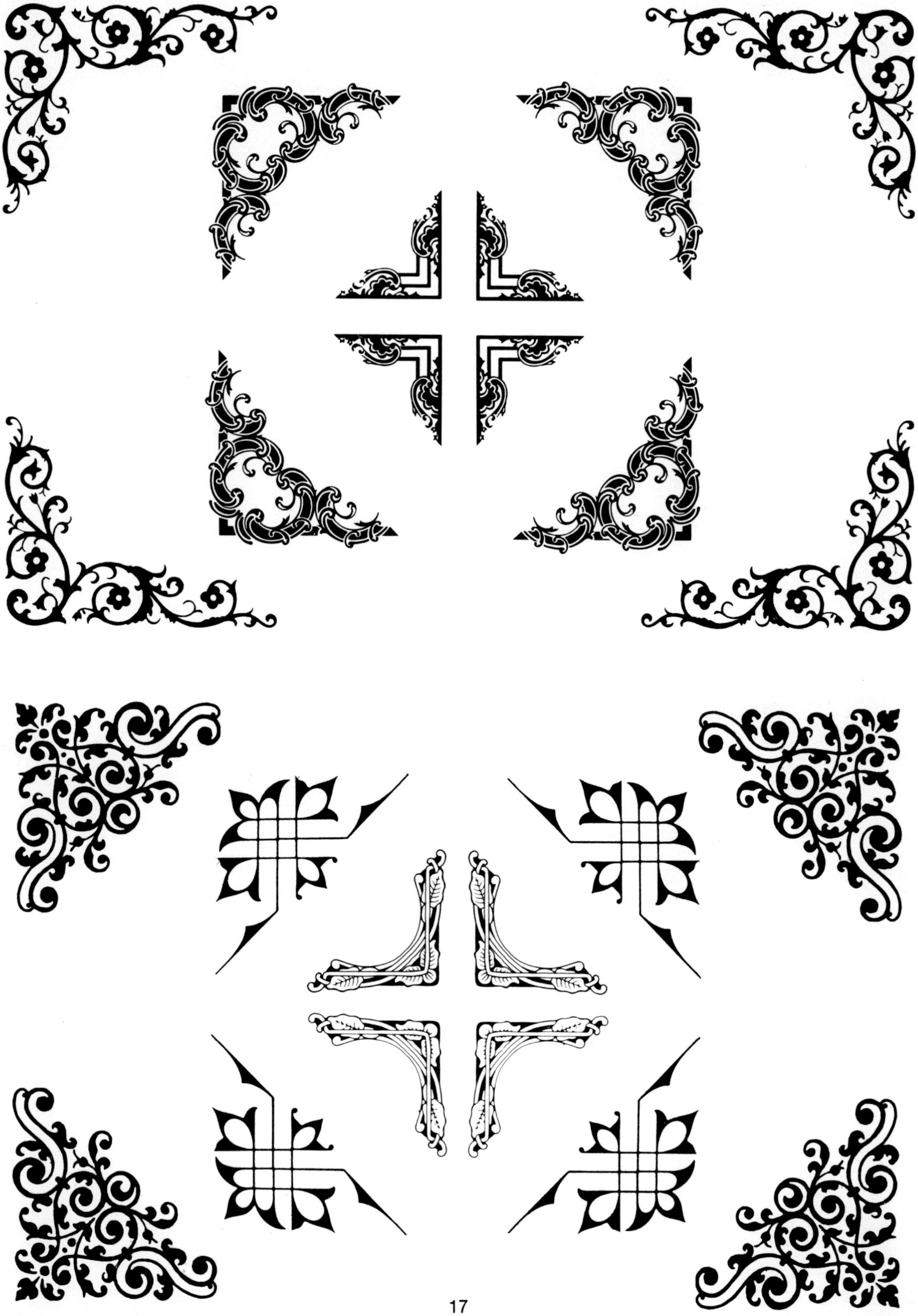

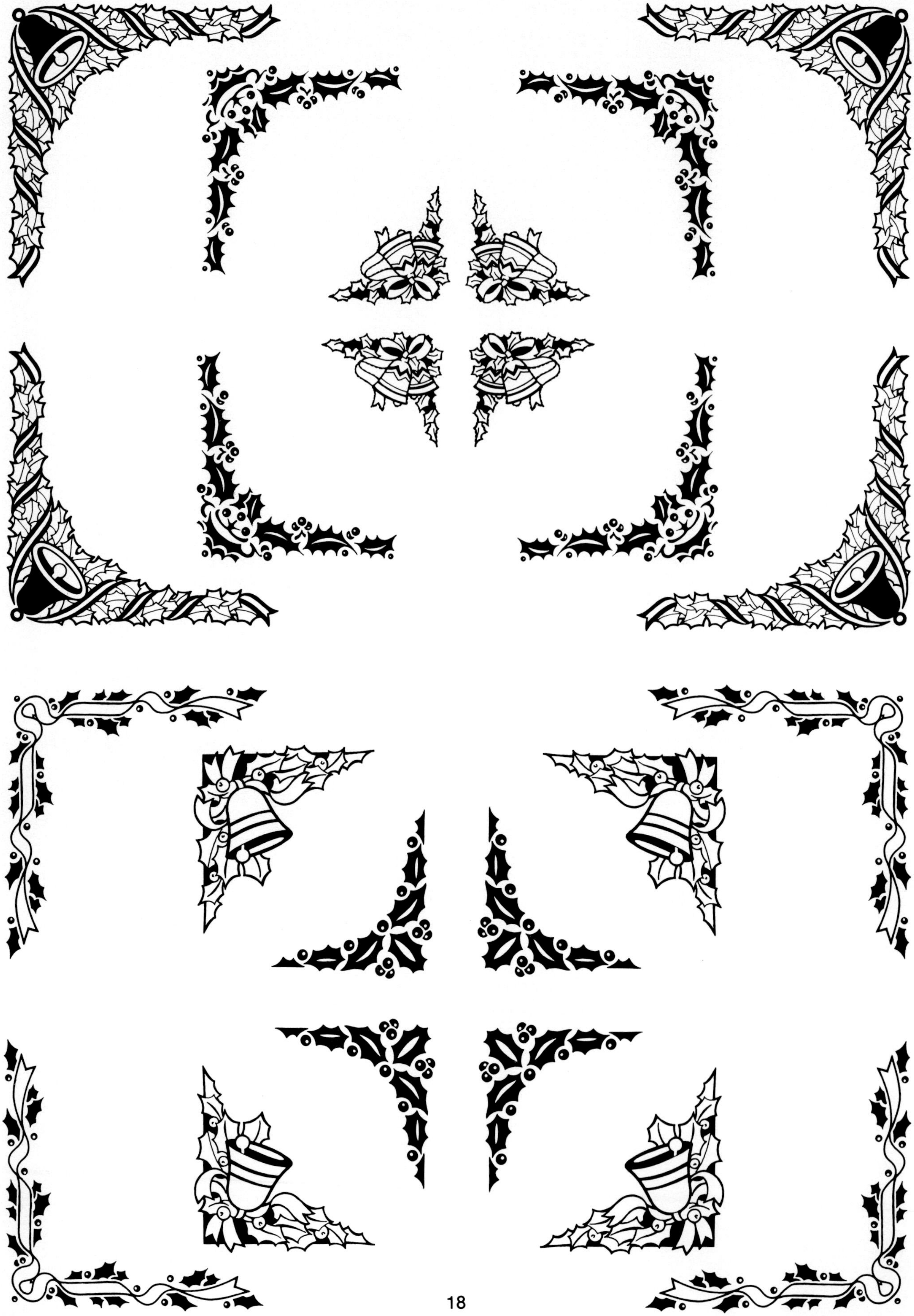

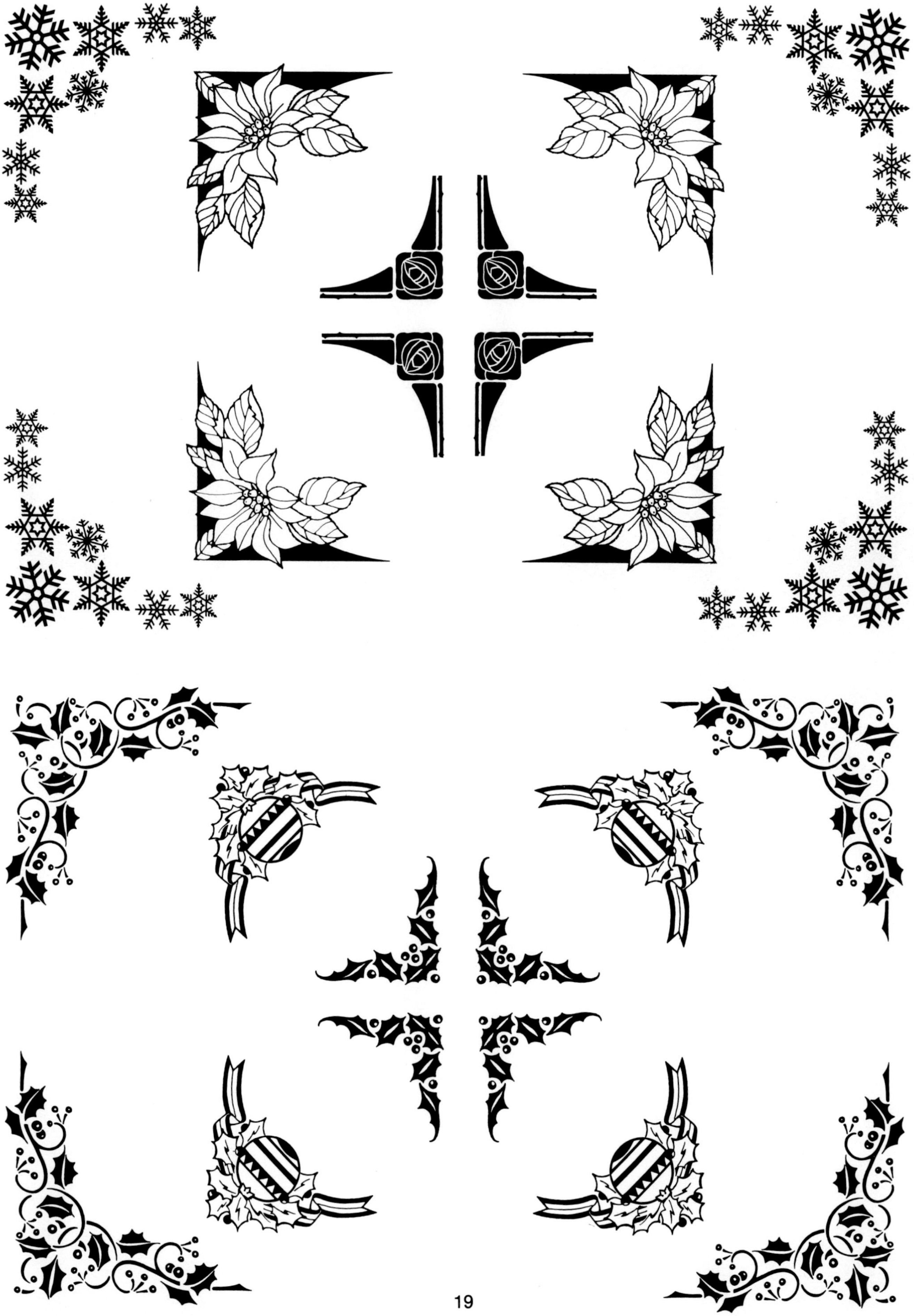

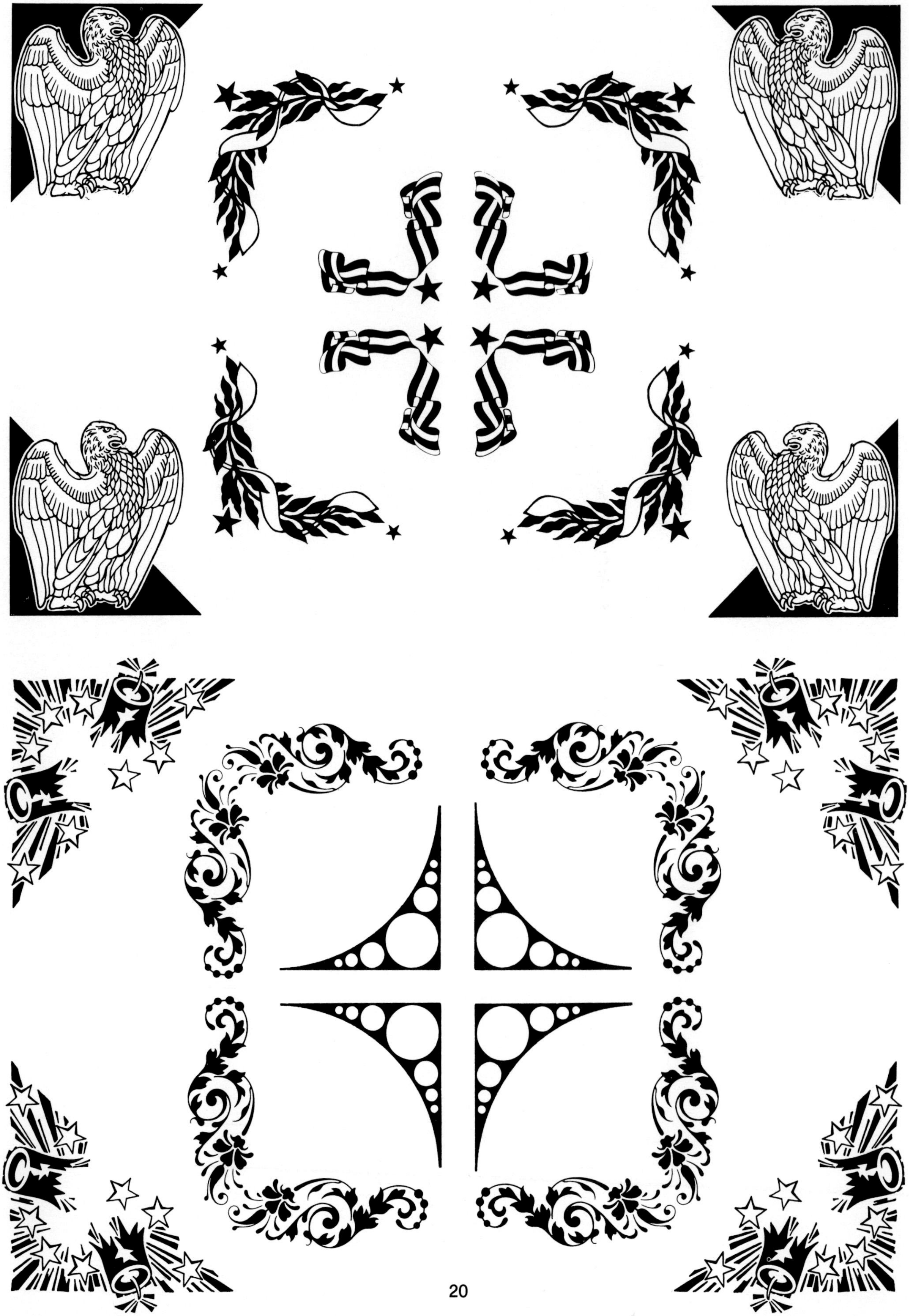

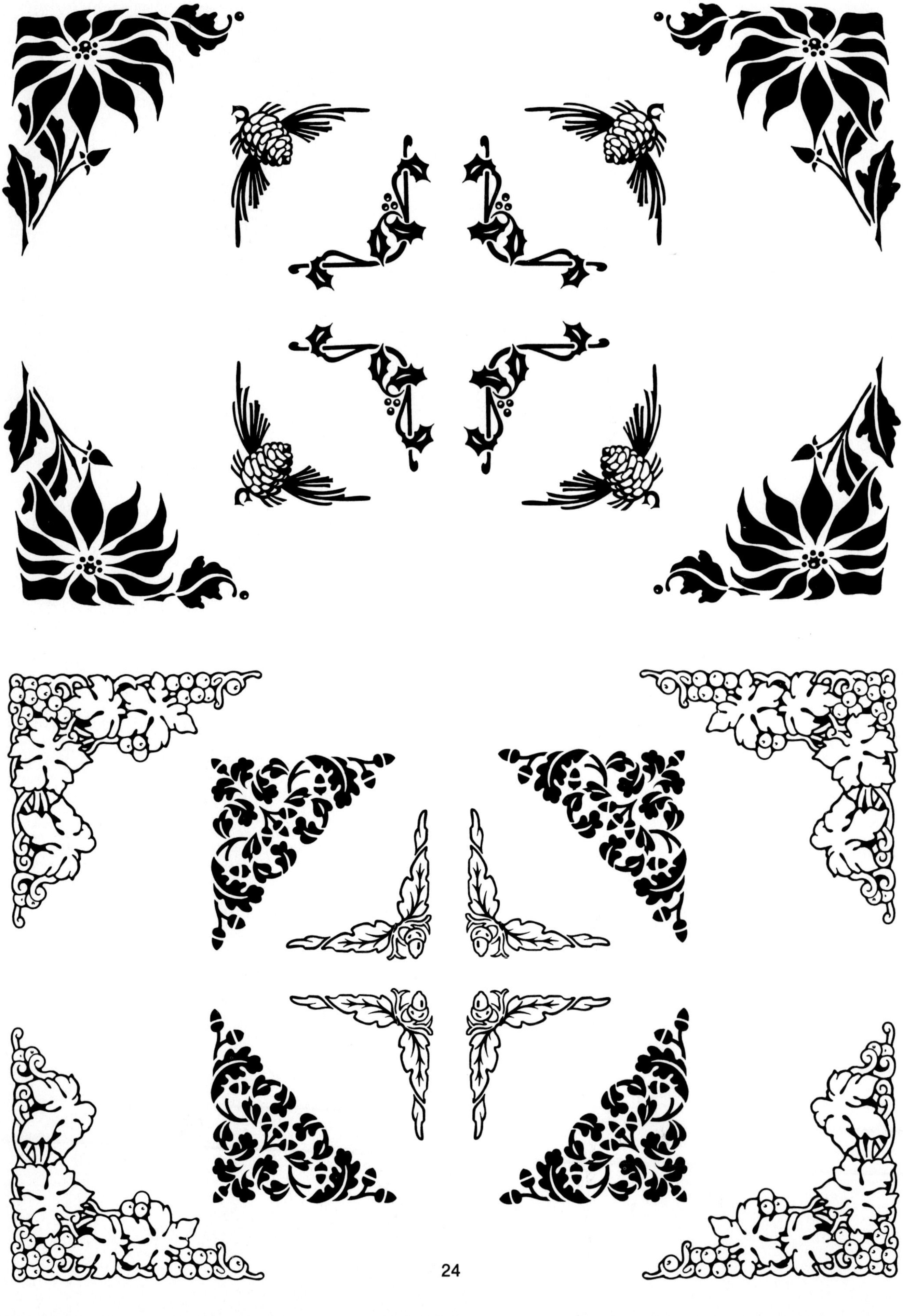

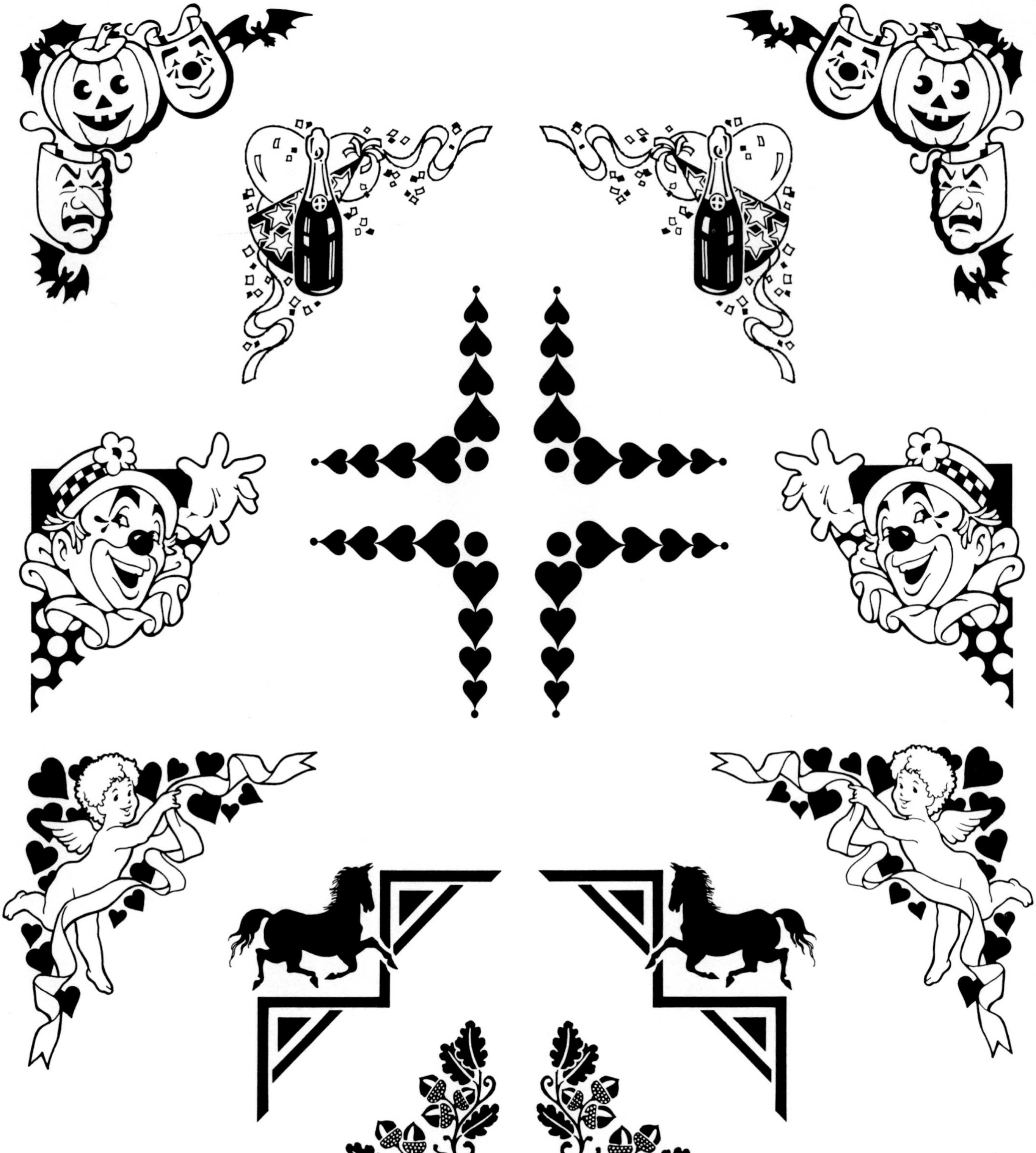

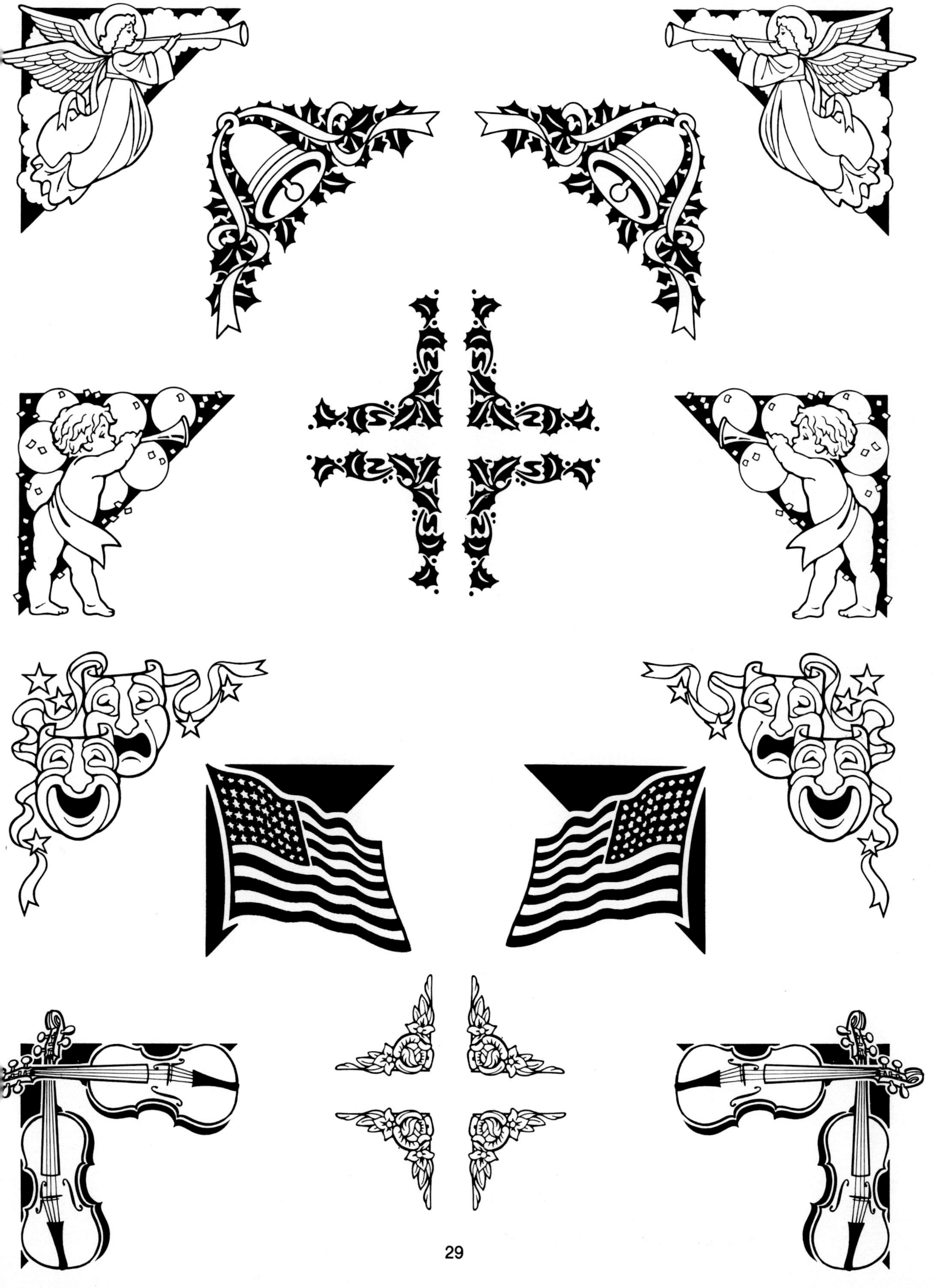

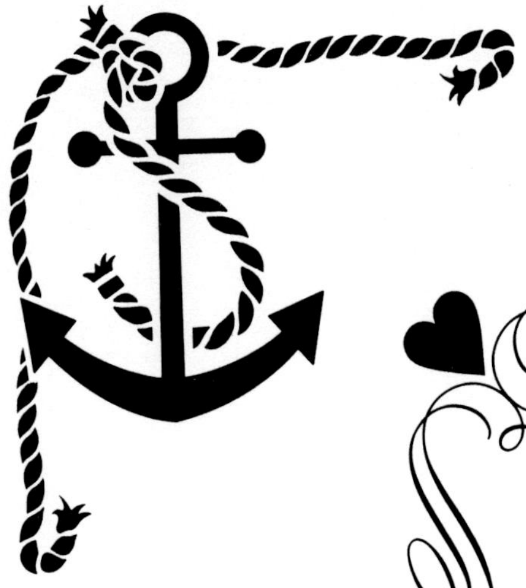

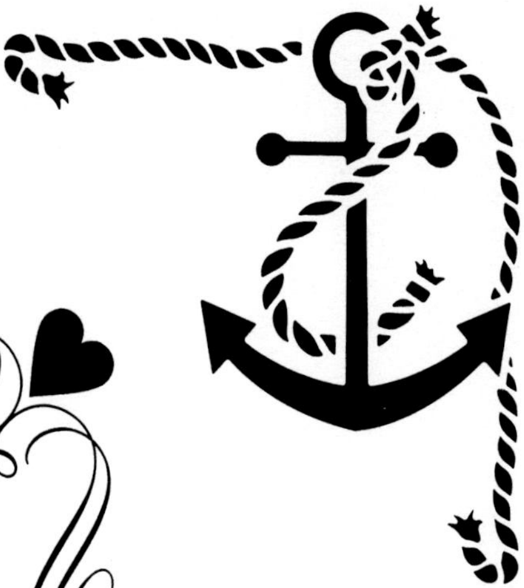

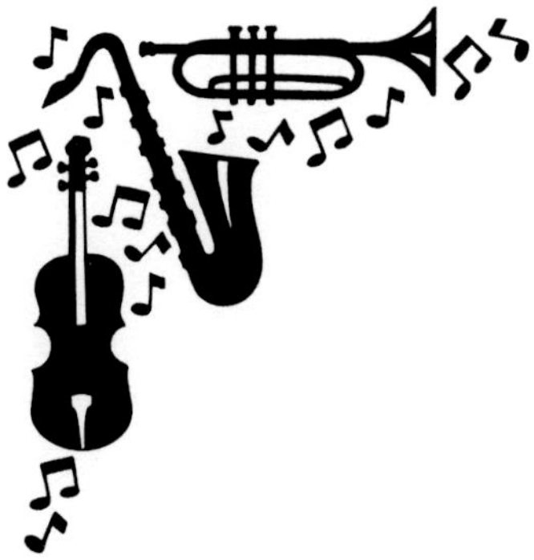

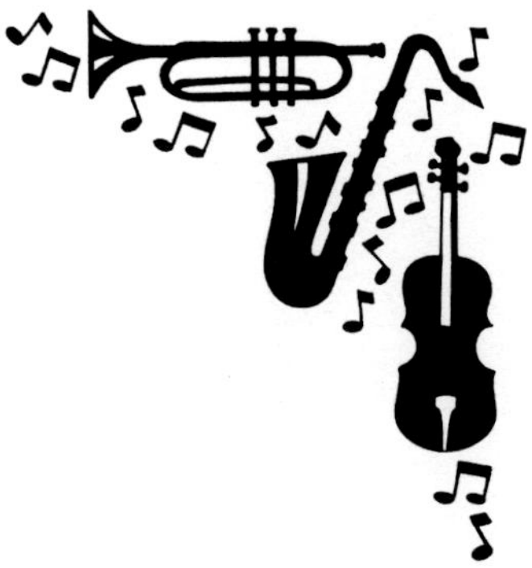

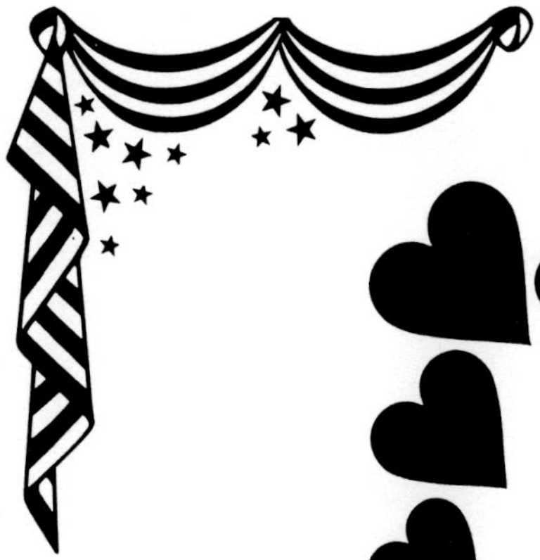

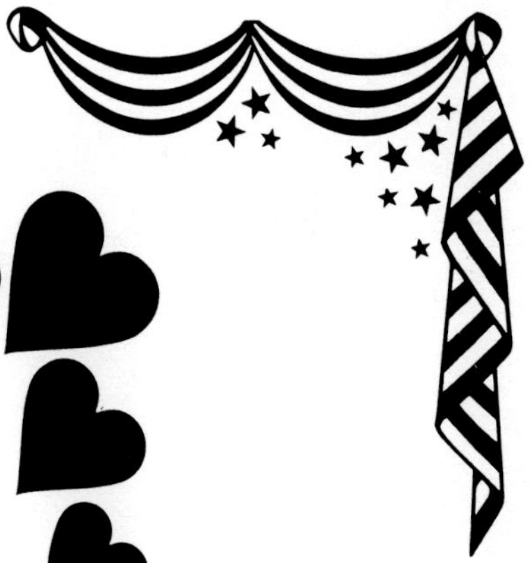

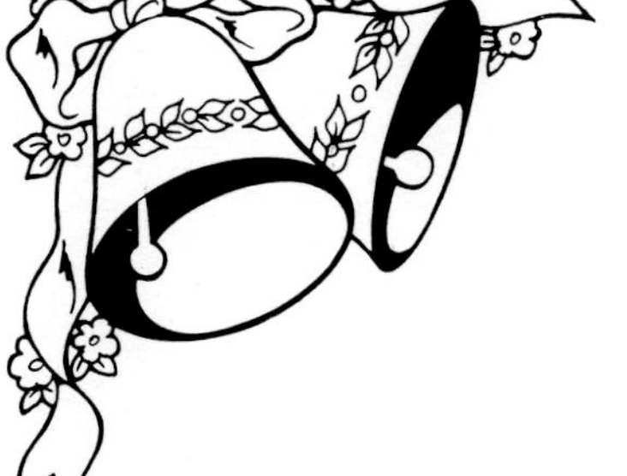

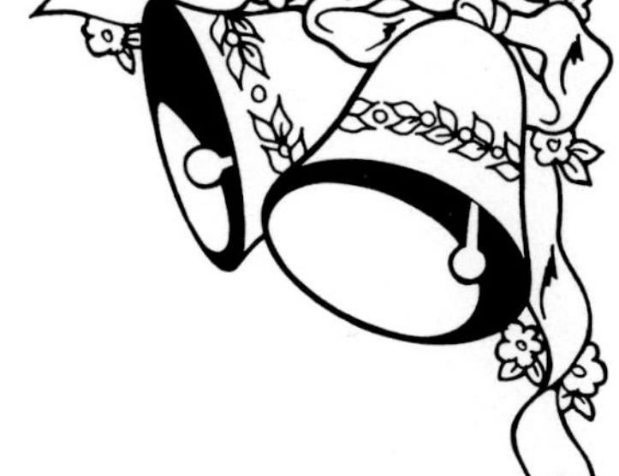